Viki Paunovic

Ein Gedicht für dich

Übersetzung ausgewählter Gedichte von Jovan Dučić

novum pro

www.novumverlag.com

Bibliografische Information
der Deutschen Nationalbibliothek:

Die Deutsche Nationalbibliothek
verzeichnet diese Publikation in
der Deutschen Nationalbibliografie.
Detaillierte bibliografische Daten
sind im Internet über
http://www.d-nb.de abrufbar.

Alle Rechte der Verbreitung,
auch durch Film, Funk und Fernsehen,
fotomechanische Wiedergabe,
Tonträger, elektronische Datenträger
und auszugsweisen Nachdruck,
sind vorbehalten.

© 2020 novum Verlag

ISBN 978-3-99107-033-7
Lektorat: Isabella Busch
Umschlagfoto: www.pixabay.com
Umschlaggestaltung, Layout & Satz:
novum Verlag
Innenabbildungen: Viki Paunovic

Die von der Autorin zur Verfügung
gestellten Abbildungen wurden in der
bestmöglichen Qualität gedruckt.

Gedruckt in der Europäischen Union
auf umweltfreundlichem, chlor- und
säurefrei gebleichtem Papier.

www.novumverlag.com

Inhaltsverzeichnis

Abschied 9
Akkord 10
Am Wasser 11
Angst 12
April 13
Aufwand 14
Begleiter 15
Bekanntschaft 16
Bregalnica (Mein Vaterland) 17
Die Augen 19
Das Ende 20
Das letzte Gedicht 22
Das Lied (diese leisen Lieder) 23
Das Warten 25
Der Weg 26
Die Begegnung 27
Die Buche 28
Die Dunkelheit 29
Die Nacht 31
Die Nacht brach plötzlich ein 32
Die Rückkehr 33
Die Schwüle 34
Die Stille 35
Die Strophen für eine Frau 36
Die Träne 37
Die Träume 39
Eine Frau 40
Ein Gedicht für Dich 41
Einsamkeit 42
Ekstase 43
Endloses Gedicht 44

Fallende Blätter	47
Feld	48
Fest	49
Gedichte der Nacht	50
Genau so	51
Herbst	54
In der Abenddämmerung	56
Kreuzung	57
Langeweile	58
Liebe	59
Lieber Gott	60
Gedichte von Liebe und Tod	61
Meine Liebe	64
Mondlicht	65
Nest	67
Nostalgie	68
Ortschaft	69
Poesie	70
Refrain	71
Resignation	73
Rhapsodie	74
Schatten	75
Schönheit	76
Schweigen	77
Seele	78
Sehnsucht	79
Sommer	80
Sonate	81
Sonne	82
Sonnenblumen	83
Straße	84
Symbol	86
Trauerweide	87
träum	88
Unerwiderte Liebe	90

Unsere Herzen 91
Vergessenheit 92
Versöhnung 93
Wein aus Dubrovnik 94
Wir sehen uns wieder 95
Zuhören 96
Jovan Dučić 97

Abschied

Ich traf dich wieder, und du warst voller Trauer,
hast versucht, deine Tränen
wie ein armes Kind zu unterdrücken.
Dann bist du, wie ein hoffnungsloser Schatten,
die ganze Nacht bei uns geblieben.

Zwischen uns war schon längst alles vorbei:
wie die Liebe, so der Hass.
Trotzdem spürten unsere fremd gewordenen Herzen
in der Dunkelheit, wie die letzten paar Tränen flossen.

Die einmal nahestehenden Herzen
brachten die längst fälligen Fragen endlich hinter uns,
die damals wie die endlosen Schatten zwischen uns standen,
und wir sind dem Glück vielleicht nie näher gestanden.

Akkord

Ich höre in einer ruhigen violetten Nacht,
wie die Sterne rauschen.
Ich denke nach und höre schweigend,
wie sich alles in der Wärme der Gelassenheit breitet.

Leise höre ich in der Einsamkeit
ewiges Gemurmel von der Erde und dem Himmelszelt.
Und ich höre eine lange, stille Zeit,
die langsam vergeht,
sowie die Wörter der Blätter und das Rauschen des Wassers.

Ich verstehe die Wörter, die immer noch wehtun,
die Sprache des Seins und das Flüstern der Dinge …
Es passt alles zusammen,
man kann hören, wie mein Herz schlägt.
Und es schlägt weiter.

Man konnte den Schlag hören,
es schlägt ruhig, Schlag für Schlag,
sowie der Klang der schwarzen Binsenmatte,
die sich auf dem ganzen Feld breitet,
um sich ins Konzert mit einschließen zu können.

Irgendwo unterirdisch in der Tiefe
mit dem gleichen Rhythmus, wie eine stille Glocke,
hörte man in der Dunkelheit ein großes Herz schlagen.
Es schlug langsam, ruhig, eintönig.

Am Wasser

Der Weg des Mondes zeigte sich in dem silbernen Meer;
Dort an der Spitze lagen schläfrig endlose Wellen.
Die letzte Welle kam zu den Klippen,
sie brach in Tränen aus, und starb dadurch.
Die Stille traf ein.

Die Nacht riecht traurig nach Zypressen.
Der Himmel ist aschgrau, so wie das Wasser und die Erde.
Ich habe heute Nacht
einen seltsamen Schmerz eingeatmet.
Eine tiefe Traurigkeit
aus dem Himmelszelt hat mich erwischt.

Heute Nacht schlugen Hunderte von Herzen in mir
und mein ganzes Wesen erwachte,
erhebt sich: einmal für den Stern
und einmal für die Frau.

Alles kocht in mir, als würde die Flut kommen
oder als würde ich wieder auferstehen!
Soweit der Sternenhimmel reichte
breitete sich am Wasser eine namenlose Nacht.

August

Warum liebe ich alles, was vergeht,
Freude und den Schmerz?
Ich höre diese Stimme aus der Ferne
und ich schaue auf den Weg,
der hinter mir zurückbleibt.

Welche Verbindung gibt es zwischen der Seele,
der Gegenwart und den Tagen,
die wie das Wasser verflossen sind?
Warum bevorzuge ich den Abend, der vergeht,
statt den lila Regen in der Morgendämmerung.

Es scheint, in mir wird
von den Erinnerungen alles grau.
Mein Herz ist mit Angst überfüllt
und traut sich nicht
weiterzumachen und zu leben.

April

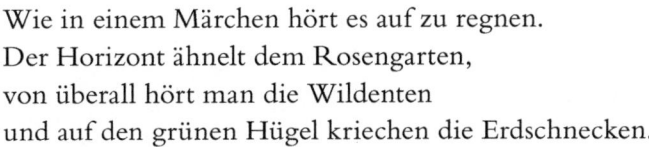

Wie in einem Märchen hört es auf zu regnen.
Der Horizont ähnelt dem Rosengarten,
von überall hört man die Wildenten
und auf den grünen Hügel kriechen die Erdschnecken.

Irgendwo weht der letzte Rauchnebel,
eine Schar schreit verrückt durch den Sumpf.
Im Bach schwimmt der gelbe Sand,
und Sonnenstrahl scheint aus dem Schlamm.

Die Sichtgrenze ist luftig und weit,
begleitet vom Gesang einer Nachtigall
und eines Frosches.
Im Glas steht bereits die erste Schneeglocke,
der April mit seinen dunkelblauen Augen ist eingetroffen.

Aufwand

Wenn mich die gleichgültige und jämmerliche Zeit ermüdet,
entsteht in mir der Wusch, in den unzähligen Stunden
das Glück oder Unglück zu erleben, gleichgültig was…

Irgendwo, tief in mir wächst das Verlangen
und wird von den dunklen Schatten überdeckt.
Am Morgen, wenn ich aufwache,
ist das Gefühl noch da.
Es erhitzt mich oft,
und lässt mich gleich wieder erfrieren.

Es leuchtet in meiner Seele…
Ist das vielleicht die Flamme, die aufglüht?
Welche Tageszeit haben wir jetzt?
Morgendämmerung oder Abendstunde?
Ich dachte, es wäre die Liebe,
aber es war nur der Neid.
Es kam mir vor, es ist das Gleiche…

Begleiter

Auf meinem Weg
wollte ich den Weg bis zu Ende gehen!
Vergebens: Ich habe überall an der Kreuzung
die unsichtbaren Hände
mit dem tödlichen Zeigefinger getroffen.

Ich wollte in meinem Herzen nur meine Stimme hören,
aber ich hörte nur eine unbekannte Stimme.
Wer weiß von wo und von wem…
Ich wollte, dass die Träume aufhören,
aber ein unsichtbarer Schatten lässt es nicht zu.

Wo bin ich? Von wem ist das Werk?
Wem folge ich, ewig, unbewusst und leidenschaftlich?
Und wie viel ist von mir selber noch geblieben?
Wie viel? … Alles ist still.
Ah! Es ist schrecklich!

Bekanntschaft

Als ich sie traf, war der Himmel bewölkt;
der Garten starb mit schmerzlicher Ungeduld;
Herbstwasser murmelte bedrohlich
in der verzweifelten Eile zu verschwinden.

In meiner Jugend wusste ich nichts
über die Tage der Leidenschaft und des Leidens.
In meiner Seele fiel ihr Schatten,
kalt und blass wie das Mondlicht.

Ihre Stimme war wie die Musik der Traurigkeit.
Ich dachte, während des langen Zuhörens,
an das Vergangene, die kalten Herbstsagen
und einem traurigen Abschied.

Ihr Kuss war gleichzeitig sanft und eisig,
so wie der Kuss einer Marmorstatue.
Aber ihre blonden Haare rochen
nach blühenden roten Rosen.

Morgens war ich oft kraftlos,
als hätte ich die Bleiketten losgerissen.
Ich wachte auf und wusste nicht mehr,
wovon ich in dieser Nacht geträumt habe,
aber meine Augen waren verschwommen
und voller Tränen.

Bregalnica (Mein Vaterland)

Mit dir werden wir die Augen unserer Kinder
und die Stirn des Propheten
in der Stunde des Gerichtes trocknen.
Aus dem Klirren des Schwertes entsteht ein Fluss,
deren heiliges Licht
die Wahrheit und Schamlosigkeit trennen kann.

Als Feuerfunke bist du aus dem Schwert entstanden,
um den Weg, zwischen den beiden Zeitaltern,
schneiden zu können.
Den herrlichen Schleier heben,
das Feuer entflammen,
damit das Volk sieht,
wohin es gehen muss.

Wasser der Schreier in der dunklen Nacht,
über den beleuchteten Pfad geht
jetzt das Volk voller Siegeskraft,
und auf den Händen, wie einen wertvollen Samen,
trägt es ein Stück Heimathimmel.

Heiliger Fluss wurde in der Herrlichkeit gespiegelt.
Die verzaubernden Menschen haben mit dir gebracht:
die Frömmigkeit eines Priesters, Stolz des Löwen,
den weißen Adler und dein Penaten.

Dein Strahl strahlt,
um den Heiligenschein zu überstrahlen;
Du, bis gestern ganz unbekannt,
trägst alle Sonnennetze und die Sterne
und du knisterst im Kamin und am Altar.

Wenn dein Kopf vergisst sich umzudrehen,
wenn die Grenzen unverändert bleiben sollen,
und unsere Seelen die Farbe des Felsens bekommen,
dann wird unser Blut genauso, wie das Wasser fließt.

Die Augen

Deine endlos tiefen Augen, junge Frau, sind wie:
zwei lange Abende in der Wüste;
zwei düstere und aufregende Märchen,
wie der Klang der Bucina in den Tannenzweigen.

Zwei friedliche Galeeren mit schwarzen Fahnen;
Zwei stumme Frauen in Schwarz gekleidet beim Gebet;
Zwei Mitternachtsflüsse, die durch die Landschaft fließen;
Zwei Bote des Schmerzens, die durch die Nacht hetzen.

Die Augen meiner Frau sind
voll mit Triumph der Versöhnung erfüllt,
die sich durch ewige Traurigkeit berauschen
und in ihrer Reinheit ihren Platz
und in der Sünde den himmlischen Reiz fanden.

Die Nachtwache war von Tränen verschüttet;
die endlos tiefen Augen leuchten mit
einem fernen und seltsamen Glühen der Verzückung,
wie die einzigen Augen, die der Gott je gesehen hat.

Sie behalten in ihrem unendlichen Netz:
all die Ekstasen und Träume
und auf ihren Grund bleibt liegen
eine große dunkle Verzweiflung.

Das Ende

Nach dunklem Elend will ich in deinem Herzen
eine lange Nostalgie hinterlassen.
Wenn alles vorbei sein wird,
soll dich nur der Schmerz an Glück
und die Freude an Trauer erinnern.

An einem trostlosen grauen Tag,
sobald alles in dir zu sterben mag,
wie die letzte Rose und ihr Duft,
will ich, dass meine Liebe
deine schmerzhafte Seele überleben kann.

Wenn diese Tage für immer vergehen
und du meinen Namen noch einmal hören magst,
dann sollst du ihm in deinem Herzen
wie einen sanften Kuss, Flüstern oder Seufzer ahnen.

Das letzte Gedicht

Schmerz hat diese Liebe mit
Bitterkeit, Schönheit und Geheimnissen gesegnet.
Mein ganzer Zweifel umfasste:
Zeitraum und Verhängnis;
Schicksal und Verzweiflung;
die Macht der letzten Träne
und sieben Farben des Himmels.

Unter der Goldkuppel
hatte ich keine Ahnung vom Wein
oder von einem Kuss bei dem Schwur.
Sie kam alleine wie der Feind durch die Tür,
statt in den Händen trug sie das Messer in ihren Blicken.

Sie trug den sonnigen Umhang,
vielleicht aus Lügen gewebt
und die Lügen an ihren Lippen,
klangen wie die heillosen Wahrheiten!
Wohin sie auch ging, blühte alles unter ihren Füßen
und sie suchte den richtigen Schlag,
ihn mir zu verpassen.

Mein Traum war stärker als dein Gift;
deinen Gürtel habe ich aus den Sonnenstrahlen gewebt,
damit du wie die Sonne
während der Ekstase strahlen kannst.

Das Lied (diese leisen Lieder)

Diese leisen Lieder, überschattet vom Elend,
von Wörtern, die nicht ausgesprochen sind,
von der Traurigkeit, die heimlich wuchs und starb,
sowie von den Tränen, die nie flossen.

Am späten Abend, wenn die Wege sich trennen,
wenn die Seele des endlosen Tages
immer noch auf dem Pfad wandert,
hört man wie dunkle abgebrochene Sätze,
im Wind, in den Zweigen
und im Wasser, die Musik.

Es trat ein Echo von beispiellosem Elend
und der Schmerz riss einige langjährige Wunden auf.
Als die Tränen flossen, wusste niemand,
wie das Herz darunter litt.

Das Warten

Wenn ich einmal so friedlich warten werde?
Wird das Letzte und das Heilige kommen,
um es mir zu sagen: „Es ist Zeit zu träumen",
so als würde man sagen:
„Es ist Zeit, nach Hause zu gehen".

Während ich in den leeren Horizont starren werde,
am Rande, wo sich das Licht und die Dunkelheit teilen,
werden die letzten Tränen meines Elends eintrocknen,
weil wir uns niemals getroffen haben.

An sonnigen Morgenden,
an grünen Flüssen und in den Nächten,
während der Mond kalt und regungslos
auf dem Wasser lag,
waren wir auf der Suche nach einander.

Als die Stunde der Rückkehr kam,
heilig und müde auf diese Begegnung noch zu warten,
wir sagten: „Es ist Zeit zu träumen",
und sie sagten: „Es ist Zeit, nach Hause zu gehen".

Der Weg

Ich ging hinauf zur Quelle, den Fluss entlang,
um sowohl die Quelle als
auch die Mündung zu betrachten!
Endlich traf die Nacht ein
und die dunklen Schatten wurden dichter.

Wenn ein Stern in der Dunkelheit fällt,
dann springt man vom Schatten zum Schatten.
Das Herz erhebt sich
und macht sich auf den Weg zu den Sternen.

Wo ist diese helle Quelle und was ist die Wahrheit?
Es führt nichts in diese Richtung!
Nur der Fluss wird tiefer und tiefer.

Ich griff anschließend nach der Quelle,
und versuchte sie mit der Mündung zu verbinden!
Endlich traf die Nacht ein
und die dunklen Schatten wurden dichter.

Die hungrigen Zugvögel überquerten das Meer
und flogen in den Wald.
Hinter ihnen blieb die Kälte
und vor ihnen ist alles still und düster.

Die Begegnung

Wir warteten ...
Als wir uns begegneten,
nahm ich deine ausgestreckte Hand,
und du bist mir gefolgt.
Der Pfad war mal dunkel, mal verschwommen,
mal voller Licht und manchmal mit Glück erfüllt.

Wir glaubten fest daran,
einander gefunden zu haben.
Für den Augenblick vergaßen wir sogar,
wie erschöpft, erbärmlich und verzweifelt
unser Vergangenes war.

Als wir uns,
mit dem Herz fest in den Händen haltend,
für immer trennten,
bist du, genauso wie du gekommen bist,
langsam, traurig und weinend gegangen.

Die Buche

Der ganze Himmel kümmerte sich um sie,
ihre Schatten sind wie die Abgründe.
Das ganze Feld ist zu klein für sie,
und die Ameisen kamen heraus.

Große Ranken haben sie
wie ein schwarzer Kehrreim des Bösen umarmt.
Die Eule sitzt jetzt ganz still da,
wie ein neuer und großartiger Kaiser der Nacht.

Sie steht unter der aufgehenden Sonne
wie eine Festung mitten auf dem Feld.
Sobald es donnert oder blitzt wird sie
spurlos wie der Gott für immer verschwinden.

Die Dunkelheit

Die ganze Reihe schwarzer Pappeln zieht sich
durch das dunkle Getreidefeld.
Irgendwo auf dem Weg polterte die Eule
und der Mond lässt sich in dem Moor blicken.

Die dichte Dunkelheit ging durch die Stacheln;
der Wasserschwall glitt unter die Weißbuche.
Am Ende konnte man von irgendwo
die erste Nachtigall
und den ersten Frosch des Abends hören.

Die Nacht

Dämmerung fällt zuerst,
und der Stern strahlt schon aus dem Flussbett.
Die Ruhe der Pappel verbreitet sich im Gras...
Engel rudern Traumboote.

Und ein Teil von mir verschwindet mit dem Tag,
der Pfad ist unbekannt.
So wie die Blume langsam verblasst,
verschwindet der kalte Herbst in der Nacht.

Und wenn die Nacht für einen Moment zu spät kommt,
wünschen sich alle, auch der Stern aus dem Flussbett,
den letzten Traum zu träumen.

Die Nacht brach plötzlich ein

Wie unter dem Flügel des schwarzen Raben,
wird plötzlich die dunkle Nacht aufbrechen und
in dem Morgengrau werden
die weißen Rosen Feuer fangen.

Seidenraupe schwelgte und webte
den Mantel des Zaren,
die Milchstraßen brannten und
bestreuten das Silber im Moor.

In der Dunkelheit keimte das Korn,
um den ganzen Wald wachsen zu lassen.
Auf meinem Weg scheint nur der Zweifel,
als der ewige Begleiter meines Geistes.

Die Rückkehr

Man wird zurückkommen, wenn die Blätter runterfallen.
wenn der kalte Wind an den Ufern weinen wird,
dann wird man sich bei uns, als Erinnerung, melden.

Ihr leiser Schritt wird traurig verfolgt
von dem Lärm der herbstlichen Gewässer.
Der Schatten wird
mit einem marmorierten Gesicht kommen,
niemand wird es wissen, woher er kam,
und was es zu bedeuten hat.

Er wird wie die Seele des Herbstes zu uns kommen,
und er wird uns und die Natur
mit der Angst eines Elends erfüllen.

Wenn man das alte Klavier leicht
mit der Hand berühren wird,
dann wird es nur noch finstere Töne spielen können
und man wird es glauben, dass die Nacht
den schwarzen Staub im Salon verstreut hat.

Die Schwüle

Überfüllte Erde dürstet nach Weinen;
seit Anfang August brät das Feuer;
das Flussbett ist leer und klafft,
kaum ein Blatt hängt auf dem Ast.

Der Wald traut sich keinen Atemzug loszulassen;
Am Abend überflogen den Himmel die Fledermäuse;
Aus dem Froschlaich hört man das Lied:
„Heute Nacht wird es endlich regnen."

Der Süden ist ganz schwarz und es blitzt.
Plötzlich regnet es über die Weinberge…
In Richtung kümmerlichen Dorfes eilt
ein hungriger und gewaltiger Sturm.

Die Stille

Ein vergessenes Gebiet in einem langen Tal,
unter schwerer Stille und mit Gras bedeckt.
Am Abend ist das Wasser mit leiser Traurigkeit getönt,
die Trauerweiden flüstern in der Vergesslichkeit.

In einer klaren Verfinsterung der Zweige
finde ich Einsamkeit in der ewigen Stille.
Sie sitzt blass und verträumt am Fluss
während sie sich das Spiegelbild betrachtet.

Wer weiß, wie lange sie schon da sitzt?
Wenn von irgendwo ein Geräusch hörbar wird,
fängt die Stille von Schmerzen zu weinen an
und der Refrain des Leidens hüpft von Blatt zu Blatt.

Die Strophen für eine Frau

Ich werde deinen leuchtenden Schatten auf den Wellen,
deine Spuren im Sand und den Morgen
auf dem Höhepunkt beobachten.
Ich werde für dich eine Hymne der Erde
an die Sonne singen.

Du bist der Funke meines Siegesschwertes;
die hundert klaren, rauschenden
und musikalischen Quellen,
der Blick, der zum Gott hinaufschaut.
Du bist der Becher, aus dem ich
den schrecklichen Geschmack des Ruhms trinke.

In der Dunkelheit hatte ich, mit meinem Flügel,
die Trostlosigkeit durchtrennt.
Dort, wo deine Wörter
und deine Bewegungen aufflammten,
offenbarte mir die Sonne den Sinn aller Sachen.

In den Raum floss das Wasser
über deine Taille und du versuchtest
das verträumte Gesicht zu waschen.
Die Stille in den dunklen Tälern,
für das Echo deiner Stimme,
begann die Sonne Schatten zu werfen.

Du bist wie ein Segelschiff mit großen Segeln,
das anderen Ländern: ein Stück Himmel bringt;
Oh du! Die sich bei uns ohne Aufforderung gemeldet hat,
um der Erde den Atem zu rauben,
und der Schönheit deine Stimme zu verleihen.

Die Träue

Ruhig und leise wie der Herbstwald starb das Leben
und mit dem Herz auf der Hand tragend
ahnten wir unseren letzten Tag.

Während wir das aufstehende Symbol betrachteten,
die Dunkelheit vereiste und vergiftete unsere Seelen.
Die Hände festhaltend, näherten wir uns dem Abschied.

In dem Moment haben wir
unsere Tränen verborgen gehalten,
diese reinen, unsterblichen und heiligen Tränen,
die blieben immer wieder im Hals stecken,
aber man konnte sie in unserer Stimme laut hören.

Die Träume

Wie weh es tut, wenn man Abschied nehmen muss?
Wie viele Wunden reißt ein Geheimnis auf?
Wann soll die letzte Träne,
nach all den geflossenen Tränen, fließen?

Vorwärts, aber wohin und warum?
Warum immer das Gleiche und für die Ewigkeit?
Wenn der Traum vorbeigeht,
dann tut alles unheimlich weh,
und ich fühle mich so leer.

Wenn die Kraft zittert und der Glaube aufhört,
wenn der Durst des Herzens immer größer wird;
dann sieht man, wie wertvoll eine schöne,
warme Chimäre ist,
die uns hilft, wieder glücklich zu werden.

Eine Frau

Ich träume von einer Frau,
die sinnlicher als alle Frauen ist,
deren Schönheit ein Geheimnis für alle sein wird,
alle Räume wie den Atem Gottes füllen wird
und niemand sie berühren darf, außer mir.

Ihr Charme wird meine große Entdeckung sein;
die erstaunliche Anwesenheit dieser wundervollen Frau
wird niemand besser als ich
oder mein ewig verzaubertes Wesen verstehen.

Vor ihrer stolzen Schönheit
bleiben meine Augen verzaubert.
Mein Herz wird von ihr, wie eine schwarze Blume,
mit unsichtbaren Tropfen gegossen.

Ihre nicht überschaubare Schönheit
soll leise wie der Strahlenbund
alle dunklen Wege meiner Seele beleuchten.

Ich bin der Schlosser dieser seltsamen Schönheit,
zum Glück kann ich klar sehen,
dass diese Frau wie der schmerzliche
und ewige Traum leider nur ein Traum bleibt.

Ein Gedicht für Dich

Du bist der Augenblick, der Schatten,
der Klang im Wald, der Schritt, die Versuchung,
die Schönheit und das Geheimnis;
und so real wie die Sehnsucht.

Bleib unerreichbar, still und fern;
weil der Traum vom Glück größer als das Glück ist.
Sei vergänglich wie die Jugend,
nur der Schatten und der Klang,
der meine Erinnerungen wecken kann.

Die Geschichte meines Herzens liegt dort,
wo die Tränen flossen, die Liebe in den Schmerz;
die Wahrheit in dem, was das Herz begehrt,
und der Kuss ist die schönste Begegnung der Welt.

Du bist der Traum meiner Fantasie,
bezaubernder Gedanke für die Stille,
für meine Verluste und das Frieren.

Es gibt dich und es gab dich nie.
Du bist in meiner Stille und meinem Jammern entstanden,
um mein Herz zu erwärmen, dass es wieder lieben kann.

Einsamkeit

Der Fluss liegt weiß und tot in der Dunkelheit.
Ich kann kein Geräusch oder Rascheln hören,
nicht einmal eine Welle in dem dichten Schilf
und nirgendwo auf der Weide
ist ein Flussvogel zu sehen.

Am Himmel zittern in der klaren Dunkelheit
ein paar Sterne.
Es erhebt sich in der Höhe über das Wasser
die Silhouette des schwarzen Waldes.

Wie der Himmel in der Nacht blinkt,
das seltsame Geräusch in der Einsamkeit vorbeigeht,
oder wie sich der Duft der Linden in das Tal verbreitet,
so steht eine einsame Seele alleine mitten in der Nacht …

Ekstase

Diese Wege werden weit hinter mir bleiben,
und diese Tränen werden wie die anderen austrocknen.
Wie die vielen Schwalben am Ende
des langen Sommertages,
werde ich wieder so viele Träume
in meinem Herzen tragen.

Es fällt langsam von silbernen Sternen der Staub.
In den Morgengrau steigen von den Blumen
seidene Fäden und es wird eine neue Liebe,
wie ein neuer Tautropfen auf der Wiese, kommen.

Wenn ich bei einer anderen Frau bin,
werde ich bis zum Schluss noch hoffen,
mein Herz weiter zu verlieren oder zu verschenken.
Und ich werde immer noch bereit sein,
wie beim ersten Mal zu leiden, zu hoffen und zu lieben.

Endloses Gedicht

Sie, die das Nest noch nicht verlassen haben,
deren Herzen im Tautropfen noch zittern,
deren leidenschaftlichen Seelen der Wind noch trägt,
und deren Atem von sich in den stillen Nächten strömt.

Wenn sich unzählige Augen öffnen und
wenn sich unzählige Arme zur Sonne ausstrecken,
wenn alle Wälder ohne Bäume
und die Meere ohne Hafen bleiben,
dann wird man ihre heilige Ankunft begrüßen.

Alle, die vom Sommerregen überflutet waren,
dort wo sich die schaurigen Momente zugetragen haben,
die sich die Kleider vom Leib und
staubigen Sandalen rissen,
von dort werden sie mutiger und stärker erscheinen.

Ganz berauscht vom ersten Glas,
wurde man brillant in die Ekstase des Klangs versetzt.
Es wird eine Spalte
zu einer grausamen Grube entstehen,
in der das Feld unseres Winterkorns verschwindet.

Aber wer wird dann unter euch sein?
Wer wird an dem Tag, ohne Zweifel, ohne Schmerz,
ohne Schatten, unsichtbar und
allein unter den Tausenden an mir haftend bleiben?

Und wie früher in diesen Tagen,
am Abend die stille Qual des Meeres
erstrahlt neu unter den Menschen
dunkel, wie in einem Albtraum,
ein altes Lied der Traurigkeit.

Solange ich in der Dämmerung mit Angst erfüllt warte,
wird ein Nachkommen meines Schmerzes,
so leidenschaftlich wie ich,
seine laute, strahlende Stimme erheben,
und den Weg wie eine Milchstraße erstrahlen lassen.

Wenn ein zauberhaftes Wort sich ergeben sollte,
das mir den ewigen Schmerz erspart,
den wird niemand mehr kennen,
und es wird niemand mehr wissen,
dass ich verschwunden bin,
weil ich zu schwach war,
um ihn laut auszusprechen.

Fallende Blätter

Sie ging schweigend neben mir,
in ihren trüben Augen waren
keine silbernen Tränen zu sehen.
Seitlich blieben Trauerweiden und verwelkte Rosen,
und die Nacht fiel auf die Wasseroberfläche.

Am Flussufer war ihr Schritt,
wie ein Schritt der Einsamkeit, unhörbar und still.
Wir waren so traurig
und an unserer Schulter trugen wir,
ohne Tränen und ohne Schmerz, das gleiche Elend.

Die Dunkelheit der Nacht blieb seeklar;
Platanen im Garten waren voller Staub
und unsere Herzen voller Angst,
während alles um uns friedlich starb.

Wenn es am Abend dunkel wird,
schließen wir unsere Augen und bleiben still.
Wir fühlen mit Entsetzen, dass jede Minute
ein Laub tragender Baum stirbt.

Jeder Herzschlag bedeutet den Tod von etwas!
Jeder Wunsch ist besorgt, dass etwas zu Ende geht!
Dieser November ist faul und grau.
Um uns gibt es kein Leben mehr, außer dem Tod.

Feld

Überall sieht man reife, gelbe Felder der Gerste;
die Sonne spiegelt sich in dem Flussbett;
die Brombeeren reifen in der heißen Sonne und
die Schlange wechselt ihre Haut.

Auf dem staubigen Weg ziehen Ameisenstraßen
in eine lange schwarze Kompanie.
Die Zikaden stehen in einer Linie,
um den längsten Draht des Sommers zu bilden.

Die Heuschrecken starben in Scharen;
der junge Habicht stürzte von der Silberpappel
und flog in den goldenen Sonnenstrahl
mit dem Schrei von ewigem Hunger.

Fest

Wenn die Tage vergehen, wer wird in der Lage sein,
eine Geschichte über sie zu erzählen?
Sie ziehen wie verrückte Leute
auf weißen und wütenden Pferden vorbei.

Ich sang das Lied so laut wie das Meer,
der Klang drang durch den ganzen Hain;
Die Schätze, die auf den Meeresgrund sanken,
wurden von den wütenden Drachen bewacht...

Und die Erde ist immer noch blutdurstig;
jedes Glas, was auf dem Boden ausgeschüttet wurde,
war der Versuch, den Durst des Schwertes zu stillen,
so wie der wütende Tyrann rundherum schlug,
um sich zu beruhigen.

In der Morgendämmerung von der Himmelspforte,
von dort, wo noch keine Träne floss,
hat zum ersten Mal heute Morgen gestrahlt
und ein Strahl in meine Gewässer gebracht.

Gedichte der Nacht

Ich liebe die Nächte, ihre dunstigen Chöre,
ihre Stille und ihre Stürme;
die schwarzen Flüsse, wenn sie strömen,
und das Lied, das sie bis zum Morgengrauen spielen.

Die Blume, den Stein, die Welle,
jedes Blatt, das runterfällt,
die Wälder in diesem Lied
samt ihrem Flüstern und Strömen,
die liebe ich noch.
Meine Seele ist darin deutlich zu hören
wie ein tiefes, unsichtbares Meer.

Wenn der Morgen über das Wasser und die Felder
mit einem leisen Rascheln streift,
und der nächtliche helle weiße Stern löscht,
bin ich immer noch ein Teil der Nacht.

Sie geht abrupt runter und murmelt Auf Wiedersehen.
Mein dunkles, mit Tränen überströmtes Gesicht
dreht sich traurig um, wie die Felsen in dem Nebel.

Genau so

Genau so werden beide verschwinden,
du und meine Jugend, mit fröhlichen Gesichtern
und mit dem Siegel eines bitteren Fluchs auf der Stirn,
wie die tröstlichen zwei Töchter von Niobe.

Und wenn der letzte schreckliche Schatten endlich erscheint,
werde ich mit Verzweiflung der Freude erkennen:
Man wird hundertmal Glück haben, aber nur eine Jugend;
hundertmal Liebe finden, aber nur eine Traumfrau haben.

Schon beim ersten Kuss und beim ersten Abschied,
für viele wird diese Liebe in eigener Schande,
mit einer schmerzhaften Wunde in meinem Herz sterben.

Während Gas aus dem großen Kerzenständer
zur Gänze verbrannte;
die dunklen Schatten sich auf den Vorhang warfen,
ich den Rotwein aus dem zerbrochenen Becher austrank,
sah ich den Abdruck deines Körpers in meinem Bett.

Als ob mein Herz den Tag zu kennen wollte,
der dich irrtümlich mir wegnahm,
dass dieser stumme Schmerz,
die Quelle meiner Größe
und deiner Schönheit geworden ist.

Den Duft meines Körpers, das Licht meines Geistes
und meine eigene Stimme hält das Tal wach.
Manchmal konntest du sowohl
das Fest für die Augen und das Herz
als auch das Geheimnis der Bitterkeit
und des Schmerzes sein.

Du, in der ich meine Traumfrau sah,
bist mein Traum von Liebe und Schönheit geworden.
Deine ausgesprochenen verletzlichen Worte
verstand ich besser als jeder andere.

Unsere Spuren in dem Sand werden
von dem gleichen warmen Wind ausgelöscht,
der sanft alle Türen des Herzens öffnet
und das Licht rein lässt, um es erwärmen zu können.

Mein Tag wird kommen wie der Höhepunkt,
das Herz wird im Lichtstrahl tanzen
wie eine verzauberte Blume, offen für die Sonne.

Durch die schauderhaften Schatten werde ich sehen,
wenn ein Schwarm schwarzer Vögel wegfliegt und
wie ähnlich das Glück der Göttin der Sonne ist.

Jedes Geräusch wird an deine Sinne,
sowie jede Dunkelheit an den Klang
deiner Stimme erinnern.
Mein Herz, voll mit deinen Eindrücken,
wird überall deine Schatten sehen.

Mein unersättliches Herz wird immer
den letzten Tropfen austrinken...
Es wird immer zwei tödliche Quellen
des menschlichen Übels geben:
die Liebe zum Gott und die Liebe zu einer Frau.

Herbst

Der Wind bläst: alle Blätter von den Bäumen,
die Zugvögel aus dem Wald,
und die Sternen aus dem Fluss.

Niemand sieht mich an;
alles entfernt sich und
etwas Merkwürdiges geht vor.
Der leuchtende Tod kommt.

Alle Augen sind getrübt vom
stillen Ableben dieser Schönheit;
alles, was sich herum bewegt,
sehnt sich danach zu sterben.

Nur der Geist des Menschen weiß,
dass das Leben und der Tod
die Ufer des gleichen Flusses sind,
die beiden werden von ihm getragen und getrennt.

In der Abenddämmerung

Der Himmel war trüb und zerschmettert;
In der stummen Halbdunkelheit
kam der Regen wie Musik in den Garten.
Wir saßen dort allein.

Es wehte irgendwo eine Brise um die Villa
das Lied der Traurigkeit.
Ich sah in ihrem seidenen Gesicht,
wie ein bewölkter Abend langsam vorbeizieht.

Es schien mir so, als wären wir ganz still.
An diesem Abend blieben wir lange draußen
allein und traurig in der Kälte sitzen,
während sich unsere Herzen
die Geschichte miteinander teilten.

Geheime Gedanken,
die schmerzhaft und bedrohlich schienen,
so wie die Angst vor dem Leiden wegzublenden,
was schon weg war,
wurde in der Abenddämmerung
von der Musik des Regens und dem Wind verweht.

Kreuzung

Ich kann mich nicht mehr an die Kreuzung,
wo wir uns trafen, erinnern.
Damals, wie die zwei Fremden
in einer namenlosen Minute,
kreuzten sich unsere Wege,
ohne dass wir es wussten oder wollten.

Wie im Spiegelsaal, als großes Segel, stehst du da
und du bleibst in allen meinen Gedanken hängen,
als hätte man dich aus den Sonnenfäden gewebt.

Magst du bleiben oder vorbeigehen?
Wohin führt dich dein Weg?
Was für ein Samen zum Keimen bringst du mit
auf dem Weg deines Triumphes?
Ist das der Abgrund, in dem du leuchtest?

Langeweile

Den ganzen Nachmittag,
mit den Ellbogen an meiner Schwelle,
sitzt die Langeweile und
sieht mich benommen an.

Ihre Augen sind stumpf,
stählern und eiskalt.
Ihre Wangen sind verblasst
und die Lippen eingefroren.

Sie kann nicht einmal
mit dem Atem diese Stille stören.
So geht langsam der Tag zu Ende
und ich bin mit der Angst und
einer eigenartigen Vorahnung erfüllt.

Der Tag vergeht langsam ohne Traurigkeit…
Ich kann den dunklen Herbst leise in der Seele hören,
sowie die Blätter, wenn sie Blatt für Blatt runterfallen.

Liebe

Ist das die Liebe oder
das schmerzhafte Verlangen, jemanden zu lieben?
Ist das der mächtige und
tugendhafte Wunsch des Herzens
oder die Anstrengung einer abgespannten Seele?

Ist das die Frau, die ich wirklich liebe,
oder der Schatten der über meine Straße geht?
Die Gedanken, die ohne Bewusstsein und Zweck irren,
oder ist es das Werk der schmerzhaften Begegnung?

Ich weiß es nicht,
aber zwischen dem Traum und der Wirklichkeit
sehe ich mein Herz, wie es sich zurückzieht und leidet.
Die Tränen fließen und reißen blutige Wunden auf.
Und ich merke nichts davon.

Lieber Gott

Ich habe dich nie gesteinigt,
an dir nie gezweifelt oder dich aufgegeben;
mit deinem Segen bin ich den ganzen Weg gegangen,
ich habe dich gerufen und dir zugejubelt.

Von all den Dingen, die du mir gezeigt hast,
hörte ich in der Stille nur deine laute Stimme,
die mich förderte, den richtigen Weg zu gehen
und den ganzen Schmerz deinen Armen zu übergeben.

Ich habe mich nie von dir getrennt,
und ich war in der Einsamkeit nie allein gelassen ...
Als auf mich ein bitterer Abend fiel
habe ich auf dich geschworen und nie bereut.

In meiner Vorstellung habe ich für dich
überall weiße Kirchen gebaut;
für deine Gebete läutete ich laut die Glocken;
für deinen Sohn habe ich bitter geweint,
und den Teufel von deinem Kreuz verjagt.

Und du, der die Sonne und die Welt erschaffen hat,
bleibst als unsere schmerzhafte
und schreckliche Ahnung,
weil jede Wahrheit kannte
die Grenzen des Heiligen Geistes,
aber unsere Einfügung bleibt grenzenlos.

Gedichte von Liebe und Tod

Göttin, du bist arrogant und anmaßend,
von einer Kreuzungen kamen
vor den Augen des Mannes,
zuerst deine Brüste in beiden Händen haltend,
wie die Lieder von Liebe und Tod.

Und du kamst durch die Dunkelheit
der ersten Morgendämmerung
mit deinem blutrünstigen Kichern,
während das Licht der Sonne
in der Dämmerung schlief
von der Anstrengung
eines schmerzhaften Tages.

Alle Augen waren auf dich gerichtet;
die Lilien in dem großen Garten nahmen deine Haltung an;
die Sonne schien in deinem Haar;
blasser Marmor verlangte deine seltsame Figur.

Mit deiner Stimme sprachen die Quellen;
das Meer nahm deine herrliche Geschmeidigkeit.
Alle Felder winkten und reiften in deiner Bewegung;
man konnte deine Stimme aus allen Nestern hören.
Blumen nahmen die Farbe deiner Haut an.

Der Klang deines Lächelns nahm
den Glanz des Monats Mai an.
Deine Schönheit ist in allen Dingen wiederzuerkennen,
Dein verhängnisvoller Charme hat
keinen Namen und kein Ende gefunden.

Deine Schritte weckten alle Bedürfnisse und
sie gaben allem einen Sinn;
Das ganze Geheimnis des Gesetzes lag in dir,
als Goldfaden, der durch den Felsen zieht.

Du bist der Hafen, in dem alle Segel fahren,
der Weg, wo sich unsere Wege kreuzen.
Die sieben Gipfel eines hellen Morgens
und das letzte Gebet des Tages.

Genosse und Feind, Verrat und Glaube,
das Symbol des ganzen Schmerzes und des Glückes;
du bist der Wahn und die Wahrheit,
der Abgrund des Herzens und das Verlangen.

Du bist das Gift und Abendmahl
für den Geist und die Seele,
der Geist in einem weißen Gewand,
der alleine und vor allem über dem Gesetz steht.

Du bist das Prinzip, das alles abreißen oder bauen kann.
Zu jeder Zeit der Gotteswille!
Am Ufer bist du der Wind, der Hungersnot schlägt
und das Feld, das im Reich des Todes Früchte trägt.

Du bist ständige Quelle des Stolzes und der Schande,
die ewige Hoffnungslosigkeit, wohin man auch schaut.

Dein Wort ist der Schlüssel und das Geheimnis
für all den Schmerz auf der Erde,
der in deine Arme fällt.
Alle Tränen fließen endlos durch die Wüste und
die Verzweiflung zweigt sich, bis sie endlich einschläft.

Meine Liebe

Du füllst meine ganze Seele,
wie der dunkle Berg die kalte Stille,
wie die undurchdringliche Dunkelheit
den Meeresabgrund, als ewiger Antrieb,
der durch das unsichtbare Zeitalter wandert.

Du fließt in meinem Blut so endlos, mächtig und tödlich.
Man kann dich und deinen Atem überall spüren.
Bist du real oder eine Fantasie?

Wenn die Sterne in der Dämmerung verblassen,
dann erfasst mich in der Nacht deine Wärme.
In der Einsamkeit zitterst du in meinem Körper,
und ich fühle mich:
wie vom Feuer entzündet und von Trauer erfroren?

Mein ganzes Wesen ist ein Schimmer der Schatten,
versunken in dem dunklen Meer
deiner Schönheit und Verderben.

Meine Geliebte, du bist so viel stärker als ich je war,
und deine Stärke wird durch meine Adern
für immer fließen.
Du lebst in mir wie ein dunkles Geheimnis,
und meine Stimme ist das Echo deines Schweigens.
Ich kann dich nicht sehen,
und trotzdem bin ich die ganze Zeit von dir beschattet.

Mondlicht

Das Mondlicht fällt in ihrem alten Garten
auf antiken Marmor, breite Terrassen und Zypressen.
Man hört das Flüstern der Stille.
Es ist nur die Mitternachtsflut,
die an der Küste tobt.

Meine Liebe ist jede Nacht so traurig.
Wenn die nächtlichen Kamelien weinen,
weint sie mit. Tränen fließen.
Niemand weiß, wer sie ist oder was sie versteckt.

Ein leises Lied der Sphäre, aus der tiefen Gruft,
flüstert schmerzhaft über dem dunklen Wasser
und der Gärten ertrinkt qualvoll in der Flut.

Und wenn sie in dieser Nacht spricht,
während das Verlangen aufgeweckt wurde,
dann hat ihre Stimme den abendlichen Duft der Zypresse.

Nest

Ich baue mein Nest über deinem Kopf,
wärmer als die Nester der Adler oder Schwalben;
Der Wind bläst einen Ast oder ein Blatt weg,
und trotzdem wächst mein Nest weiter.

Wenn es dunkel wird,
scheinen alle stillen Sterne auf ihn.
Der Mond ist so voll wie ein Glas Wein;
Die Schlange bleibt auf halbem Weg stehen
und mein Nest wächst weiter.

Es wird ein Nest, das umfasst:
die ganze Stille des Waldes,
am Morgen: alle Lieder des Flusses,
und den berauschenden Duft des Morgengrauens,
während die goldenen Blumen auf der Wiese wachsen.

Ich baue mein Nest hoch über dich hinauf
und niemand wird seinen Standort kennen.
Es steht dort wie, über dem Ufer, eine Milchstraße.

Und auf dem friedlichen Weg zum Gott
sieht man ein seltsames Nest wie ein wahres Märchen.
Alle Geräusche, die
von wem auch immer stammen konnten,
werden in einer Stimme erfasst:
die Stimme, von noch nie da gewesenem Schmerz.

Nostalgie

Der Herbstnachmittag löscht sich
in den dunklen Vorhängen der Nacht,
von den Ästen pfeift traurig der Wind. Stille.
Ein feierlicher Moment, in dem man träumt
oder die Seele ruhen lassen möchte.

Mit einem tiefem Schmerz und Tränen in den Augen
fühle ich mich matt und verlassen.
Bei mir ist, so wie bei den anderen auch,
alles gebrochen und ich warte ungeduldig,
dass von irgendwo ein Wort
mit einer tieferen Bedeutung zu mir durchkommt.

Solange sich das Licht und die Dunkelheit trennen,
die Nacht wie ein Spinnennetz hereinbricht
und rauschend die Musik die Stille übertönt,
mit dem Wort, auf das ich noch warte,
wird alles überwunden…

Ortschaft

Am Vitorog, durch die Kastanienäste,
war der Mond undurchschaubar,
aber die Nacht war klar.
Wie das ruhelose Gewissen,
das zum ersten Mal schläft,
schlief das Meer in stiller Brillanz.

Zypressenwald überwachte alles und
über ihm streut der Mond kaltes Silber.
Der blaue Sommer spiegelt sich in hohen Gräsern.
Der Schrei! Da schrie ein Uhu auf dem Baumstumpf.

Das Fischerdorf lag an den Felsen
und zog sich durch den milchigen Nebel in das Tal.
Es war kaum sichtbar,
fast wie eine Erinnerung.

Alles versank in ewiger Stille.
Kein Lärm, keine Stimme;
nur die Uhr schlug eintönig,
die niemand hören konnte.

Poesie

Ruhig wie Marmor, kalt wie der Schatten,
bist du ein blasses, stilles Mädchen, das träumt.
Lass das Lied für die anderen eine Frau sein,
die in den unreinen Straßen singt.

Ich kümmere mich nicht
um die Glasperlen auf dem Band,
sondern um die gelben Rosen in deinen langen Haaren:
Sei nett, um von allen gemocht zu werden,
zu stolz, um für andere leben zu können.

In deinem Elend sei nicht zu traurig,
spende den Trost den Leidenden,
sei ordentlich, um die Menge führen zu können.

Bleib gleichgültig stehen,
während um deinen Körper,
statt eines extravaganten Anzuges,
ein mysteriöser Nebel schwebt.

Refrain

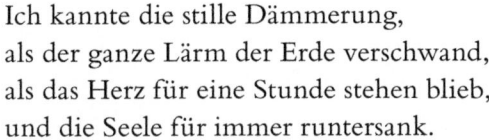

Ich kannte die stille Dämmerung,
als der ganze Lärm der Erde verschwand,
als das Herz für eine Stunde stehen blieb,
und die Seele für immer runtersank.

Ich kannte die sternenklaren Nächte
und den Schmerz des Abgrundes,
dort, wo das ganze Licht vergossen war,
und das Glas voll Traurigkeit eingeschenkt wurde.

Ich kannte die Liebe, als sie in das Herz einzog,
das fröhliche Lied, das mich zum Lachen
und das traurige Lied, das mich zum Weinen brachte.

Ich kannte die Bootszeiten, den bitteren Herbst,
und alles, was sich zusammenfügte,
und die Seelen, die alleine blieben.

Resignation

In ruhigen Abenden neben der erlöschende Feuerstätte,
verfluchte nie die Gesellschaft des Elends,
weil unsere Herzen ganz leer bleiben auch dann,
wenn es nichts mehr gibt, um was es sich zu leben lohnt.

Dein Schmerz war die Quelle deiner Reinheit,
deiner Jugend, deiner Schönheit
und deines Geheimnisses.
Verfluchte den Moment nicht,
in dem du alles verloren hast.
Nur durch dein Leiden bist du unvergesslich geworden.

Für alle, die ohne Bedingungen vom Tod befreit sind,
um sie herum erscheint jetzt ein neuer Weg.
Wenn wir die Magie der reuigen Tränen erleben,
wird die Liebe wie eine Religion werden.

Rhapsodie

Wenn ich wieder wie damals lieben könnte,
hoffnungslos und ohne Scheu!
Wenn ich die Macht hätte,
wieder die Nächte mit Vergnügen und Tränen zu füllen,
dass sie kein Ende finden können. Rhapsodie!

Wenn ich wieder wie damals lieben könnte,
voller Düsterkeit, mit grausamer Freude und dem Leiden;
Ich genieße den Schmerz, den ich zufüge,
und küsse die Augen, die noch weinen.

Wenn ich wieder mit dem Herzen lieben könnte,
das heimlich ein erschreckenderes Geheimnis trägt
und keine Ahnung über Tugend oder Glück hat.
Es ist alles schmerzhaft, was ich hasse,
weil ich all das verzweifelt liebe.

Schatten

Mein Schatten begleitet mich,
gruselig wie ein Gespenst und grau wie der Riese;
vor mir ist er der ewige Führer,
hinter mir der stumme und stolze Häscher.

Vor dem Wald hört er auf mir zu folgen,
nach dem Wald wartet er bereits auf mich;
An der Kirchenschwelle bleibt er verwirrt stehen.

Dieses Zeichen, was sich verdunkelt und leuchtet,
ist die dunkle Rede des Himmels!
Wie weit wird es gehen und wie lange wird
das bittere Sonnenspiel noch dauern?

Alles unter dem Himmel wird weiterhin leuchten,
der Mann und sein Schatten, wie die Zwillinge,
werden an der Kreuzung anhalten
um die Ladung von der Schulter werfen zu können.

Wenn der Tag wieder erscheint,
werden sie sich wiederfinden,
zwei Schicksale, die ewig vereint sind.
Der Schatten ist maßloser als die Erde,
und der Mensch ist leichter als Schatten.

Schönheit

Ich roch an meinem Polster die ganze Nacht
die Sehnsucht und Süße ihres dunklen Haares,
während ihr Flüstern und der Atem
in meinen Gedanken wie ein Rosengedicht klangen.

Und doch kenne ich die Freude und das Glück nicht,
ich habe Angst vor deiner tückischen Schönheit,
wie sie die Vergeltung ausübt
und die Gerechtigkeit beraubt.

Sie segnet meine Sklaverei und meine Nöte,
sie reißt mir das Herz aus,
das voll von himmlischer Flamme erfüllt ist
und geht mit mir ins Leid und die Schande hinein.
Ich vergoss die heiligsten Tränen.

Angesichts deiner heimtückischen Schönheit
zittere ich wie eine hungrige Fee beim Aufstehen,
während die traurigen Herzen,
die mit Tränen gehüllten Flügel, schweigen.

Während wir mit allen Wünschen in der Liebe verbrennen,
vergeht langsam die duftende lange Nacht.
Die Schönheit wartet neben uns,
wie der Gefangene mit weit aufgerissenen Augen
und für immer nachdenklich.

Schweigen

Ruhig wie Dunkelheit blieben
die schrecklichen Worte unausgesprochen.
Deine Augen schauten zu mir,
während du dir meinen Schmerz angehört hast.

Was für eine Hymne des Herzens
ist das ungesagte Wort!
Das Wort kennt die Ewigkeit und Unzucht nicht.
Wenn die Stille unser Reden übernimmt,
dann hat es die Reinheit der Schönheit
und des schmerzhaften Verlangens.

Diese sanfte Musik der liebevollen Stille,
in der Ruhe des Gebetes und der Tiefe des Geistes,
lässt die Wahrheit niemals durch die Lüge trüben,
und die Stimme der Propheten unser Gehör berühren.

Die Idee wurde in den stummen Stein gefangen.
Der Glaube in den Tränen, die nie flossen.
Der Eid, die unbekannte Stunde des Tages,
wurde zum Gesetz des Schmerzes.

Seele

Liebes,
warum weinst du die ganze Zeit?
Verlorenes Glück ist immer noch ein Glück!
Und das Elend in der Seele, was du noch fühlst,
es sind die Rückstände, die du noch spürst.

Aus deinen düsteren Augen
lass keine Tränen mehr fließen.
Das Glück kann man nie verlieren,
auch wenn man es nicht mehr spürt,
aber man kann es immer noch hören,
wie es zu uns spricht.

In den einsamen Nächten,
wenn die Wälder trauern,
die Flüsse voller Sterne
und die Berge voller Schatten sind,
dieses Lied erreicht dich nicht,
aber deine Seele hört das Lied
und sie kann es auch verstehen…

Sehusucht

Der Himmel ist leer; stiller Abend geht zu Ende,
irgendwo in der Gasse scheint der letzte Sonnenstrahl.
Auf dessen Spur blieb sie, wie die Venus, allein,
nackt und ohne Scham unentdeckt.

Der Abend wird leise ihren Körper baden
im Duft der Rose mit reinem Tau.
Der Mond wird ihr die Stirn versilbern,
und um Mitternacht rast ihr
der Rauchfrost durch die Haare.

Sie wartet nackt, mit dem Blick voller Verlangen,
der schreit bis zum Himmel, leidet und betet!
Während das beschämende Auge in den Himmel irrt,
wird der ganze Körper von der Sehnsucht erschüttert.

So geht die Nacht ruhig und gleichmäßig vorbei
und in den Mondschein weht der Wind.
Während der Himmel und die Erde in den Schlaf fallen,
bleibt diese große Liebe unerfahren.

Sommer

Ich traf sie einmal an einem heißen Tag,
verziert mit Weinreben und Mohnblumen.
Im Freien war der Nebel leicht und klar,
die Wachteln sangen in heißem Korn.

Aus dem Wasser und vom Land kommen
der Geruch und das Feuer des Sommers.
Die engen Wege waren voller Amseln.
Die Kornrosen sind fraulich aufgeblüht.

Neben den ruhigen Wellen
leidenschaftlich wie der Sommer,
mit warmen Farben und in Glanz gegossen,
ging sie langsam neben mir.

Die Jugend vergeht
wie die Sonne über dem Hain.
Ich sehe dich immer noch wie damals,
mit gleichen Mohnblumen in deinem Haar.

Sonate

Ich wollte, dass meine Liebe ein glückliches Gesicht hat,
wie eine Nymphe mit langen Haaren,
mit fröhlichen und roten Strähnen;
Es war ungewöhnlich und stattdessen
war ihr Haar dunkel wie die wahre Traurigkeit.

Als Junge wollte ich
das schönste Liebesgedicht schreiben,
aber es gelang mir nur,
das traurigste Gedicht zu verfassen.
Ich fing an zu hoffen, und dann spürte ich
eine längst vergessene, stille Traurigkeit.

Das neue Verlangen wird von den alten Tränen begleitet;
eine neue Liebe riss in den leeren Stunden
langsam und heimlich die alten Wunden auf.
Ich bekam Angst, etwas zu wollen
oder jemanden zu lieben.

Sonne

Ein Fluss fließt durch mein Anwesen,
heilig und leuchtend.
Der mündet in den Abend
und entströmt wieder aus dem Morgengrau.
Der Boden wurde mit dem Gotteswort gesegnet.

Mein Weinberg ist in der besten Lage,
und Kirschen sind schon in voller Blüte.
Für die ganze Welt erschien,
von oben in der frühen Stunde, die Sonne!
Sie kämpft für uns: heute, morgen und für immer.

Der Strahl vom Himmel mit Gold bestreut,
auf die Sonnenuhr in meinem Garten aufgewacht.
Der zeichnet gleichzeitig den Weg der Erde
und das Zeitalter der Menschheit.

Sonnenblumen

Die traurigen Augen der Sonnenblumen,
die schweigend dem Himmel der Unzucht folgen,
beinhalten den ganzen Durst,
alle Ängste und alle Gelüste dieser Welt.

Die Wälder haben Angst in der Dunkelheit:
Der Gott versinkt überall ein wenig.
Das Licht, und der Sonnenstrahl,
sind das Maß und der Preis für alles.

Was in der Tiefe der Dunkelheit lebt
ist mit einer Flucht auf der Welt gefallen.
Das, was niemals zum Himmel geschaut hat,
hat auch niemals gestrahlt.

Im Osten stehen weinend die Könige auf,
deren Kleider aus schwerem Gold gewebt sind.
Die Sonnenstrahlen gegenüber den Schatten
betteln in der Stunde der Dunkelheit.

Diese traurigen Sonnenblumenaugen
bleiben in meinem Herz weit offen,
aber die Sonne ist am anderen Ende der Erde.
Langsam geben sich die Schatten
in der Dunkelheit herab.

Zwei ganze Sonnenblumenreihen sterben
heute Nacht in dem Garten
und es werden in diesem Tod
alle Sonnenstrahlen dieser Welt sein.

Straße

Wenn ich einen neuen Rhythmus finden würde
und eine stolze Fähigkeit, deren Namen ich nicht kenne,
dann würde ich immer den weiten Weg vom Schmerz
ohne Angst bis zu seiner Grenze gehen können.

Meine Gedanken führen mich niemals in die Irre.
In dieser feierlichen und seltenen Stunde
trage ich, über den ganzen Weg, das heilige Feuer
groß und hell, wie es auch am Anfang war.

Am Ende des Liedes will ich keine Schmerzen spüren,
die nicht zu ertragen sind,
weil in der Seele so viel Elend bleibt,
für das man keine Worte oder Tränen übrig hat.

Symbol

Ich sehe deine großen verliebten Augen an
und sehe, wie das Feuer brennt, sündig oder heilig?
Wer weiß?
Du küsst so unschuldig wie die Blume, die blüht;
ich frage mich,
ob du noch jemanden außer mir liebst?

Deine Liebe wäre meine Gefangenschaft,
deine Grenzenlosigkeit ist das Limit und das Ziel;
du bist die Frau für das Leben bis zum Tod.
In der Herrlichkeit der Intuition bist nur du heilig.

Du bist die Uhr, die den Himmel aufleuchten lässt, das Symbol,
das größer als der Schmerz des Menschen ist, der ächzt;
du bist der Gottheit näher gekommen, als du mir je warst
und du bist mehr das Gesetz der Welt als das Gesetz des Herzens.

Trauerweide

Die Trauerweide steht alleine über dem Meer,
an der Spitze der Welt,
sie entwirrte ihre langen grünen Haare über das Wasser.
So wie sie da steht, erinnert sie an eine Nymphe oder
den Baum, der über die Trauer nur flüstern kann.

Wenn der Tag aufwacht, hört sie das Lied des Berges
und am stillen Abend die Qual des Wassers.
Sie steht immer noch da, wo alles vergeht:
die Wolken mit dem Wind
und die Wellen mit den Jahreszeiten.

Sie flüstert dort leise,
dem Meer gibt sie manchmal einen Zweig
und manchmal dem Wind ein Blatt.
Wenn sie sich das Herz zerreißt,
dann flüstert das Leben ein trauriges Lied,
und die Trauerweide steht immer noch alleine da…

träum

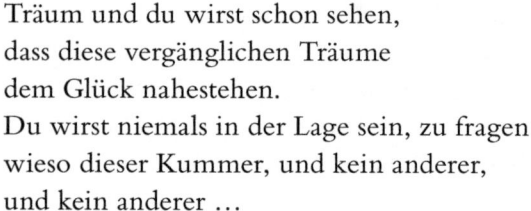

Träum und du wirst schon sehen,
dass diese vergänglichen Träume
dem Glück nahestehen.
Du wirst niemals in der Lage sein, zu fragen:
wieso dieser Kummer, und kein anderer,
und kein anderer ...

Liebe, liebe heftig und kontinuierlich
und es wird dir erst in der Liebe klar werden,
wie wenig man braucht, um glücklich zu sein,
und tausendmal weniger, um zu leiden.

Stirb, um deinen Glauben zu retten,
und du wirst niemals,
wenn du vor der nackten Wahrheit stehst,
das Gleiche in deinem Leben
einmal als Glück und ein andermal als Schmerz bezeichnen.

Unerwiderte Liebe

In der Dämmerung,
in der Kälte der Tage und der Nächte,
steht eine trostlose Kirche,
ohne Glocke und ohne Stimme.
In der Stille der verlassenen Kapelle sitzt
die traurige, blasse und weinende Madonna.

Tropfen für Tropfen fließt das Wasser
auf den dunklen Felsen hinunter.
Durch die bunten Fensterlücken drängt der Mond durch,
um die Beine der Heiligen
mit silbernem Staub sanft zu bestreuen.

Hier kriechen und strecken sich die Schatten aus;
Tränen und Gebetsgeräusche breiten sich aus;
Die Stille bleibt stumm und erstarrt,
aber die Madonna überwacht uns alle.

Auch wenn deine Liebe unglücklich sein sollte,
verzweifelt und zeitlos überwacht sie deine Seele
und ihre blasse Hand segnet dich immer wieder.

Unsere Herzen

Wenn sich die unzähligen Augen schließen,
sieht man immer Herzen, überall nur Herzen …
Wenn sich die Augen schließen und einschlafen,
dann wird die Welt größer und leichter als der Schatten.

Zu den Hügeln, woher und wohin?
O mein Herz, du fällst wie eine Wirbelwindfee
und wenn du deine dunklen und großen Flügel sonnen lässt,
ertrinke ich gedankenlos in all deinen Farben und Geräuschen.

Die ganze Musik, die herumfließt,
erfüllt und vernetzt die Herzen bis in alle Ewigkeit.
Ist das der Grund für das Glück, Liebes?

Eines möchte ich noch sagen: „Unser Glück ist endlos
und auf dem schmalen Grad zwischen dem Moment und
der Ewigkeit lauert und wartet in irgendeiner Ecke der Tod.
Danach bleibt uns die einzige Wahrheit:
Unsere Welt ist nur das, was in unsere Herzen reinpasst."

Vergessenheit

Vergessenheit ist das friedliche Sterben des Herzens,
ein seelenloser und schmerzlicher Verzicht auf die Stille,
der verächtliche Atem des Todes in der weinenden Seele.
Es zu vergessen bedeutet für den Moment zu sterben.

Wer kennt die Spuren und die Tränen,
die man hinter sich gelassen hat?
Den Tod am Friedhof, wo keine Träne floss.
Den Schmerz von Namen,
die nicht mehr erwähnt werden.
Den Schrei einer längst vergessenen Liebe, die brüllt.

Die schreckliche Stille wurde verdammt still
und die Inschrift auf dem Grabstein unlesbar.
Wörter, die man ausgesprochen hat,
blieben unverstanden.
Die Traurigkeit blieb auf dem Weg,
den wir nicht mehr gehen können.

Wer kennt den Schrei aus dem Untergrund?
Wer kennt den Fluch des Gebetes?
Die Erinnerungen vergaßen die Wunden,
aufgegebenen Hoffnungen
und die Bitterkeit der letzten vergossenen Tränen.

Versöhnung

Wenn dich das Leben schmerzlich enttäuscht und
wenn sowohl die Wünsche
als auch die Träume aufhören,
was kann dir dann deine alte Träne zurückbringen?
Vielleicht ein neues Leben,
das unbekannt und aufregend ist.

Während der Tage des langen Leidens,
denk mit vollem Vertrauen an das Vergangene.
Hüte die Vergangenheit, in der trostlosen Zeit,
und bewahre sie für die Zeit,
in der man von Erinnerung lebt.

Plötzlich wirst du alles infrage stellen:
Warum die Träne und wozu der Schmerz?
Warum vermisst dein Herz immer noch all die Träume,
die du schon längst hast, und die du schon lebst.

Wein aus Dubrovnik

Das Meer lag ganz ruhig,
wie das Spinnennetz im Garten.
Nur ein Wasserstrahl sprühte,
während aus dem Lorbeerbusch
das Gesicht einer Marmorfontäne herausschaute.
Nach dem guten Essen konnte man
die laute Musik hören,
die Gesellschaft sah man,
bei einem Glas Wein, in dem Garten.

Die Party begann sich
in einem sanften Chaos durchzuziehen,
eine Wirrnis war in dem Stück eingetreten,
der Kapitän zitierte eifrig die Psalmodie
und der Dominikaner spielte Mandoline…

Fräulein Anna, bereits sitzend,
bekannt durch ihre Anständigkeit und Schönheit,
umgeben von einem Schwarm Damen,
erzählte eine Geschichte aus dem Dekameron.

Wir sehen uns wieder

Wir sehen uns mal wieder,
man weiß nur nicht wann und wo.
Du wirst dich plötzlich
und unerwartet bei mir melden.

Vielleicht wenn deiner Seele
der Frost die Wärme entzieht,
wenn der erste Schnee in unseren Herzen
beginnt zu schmelzen,
werden wir uns wiedersehen...

Über unseren Lippen wird
weder Tadel noch Dankbarkeit sein;
Nicht einmal eine neue Traurigkeit wird entstehen
und von ehemaligen Träumen
wird nichts mehr übrig bleiben:
weder ein Tropfen der Bitterkeit
noch ein Moment des Glücks.

Wenn ich der alten Leidenschaft ins Gesicht blicke,
dann meldet sich in dem neuen Leben eine Stimme:
Was das Herz begehrt,
ist der Moment und die Zeit
leidenschaftlich zu genießen.

Zuhören

Wenn der Abend über das blaue Wasser fällt
und die Milchstraße aus der Ferne leuchtet,
wenn der Vogel aus seinem weichen Nest
aus Moos und Lehm rausschaut,
dann flattert meine Seele.

Meine Wünsche pochen
und toben seit undenklichen Zeiten.
Man hat sie aus der Traurigkeit, ohne Heilung, entlockt,
während die Mitternachtssterne über dem Kopf wisperten.

Wie eine seidene schwarze Nachtmöwe
fällt langsam auf eine Welle meine Seele,
und sie schlief weinend wie ein Kind ein.

Und wenn die silberne Morgendämmerung erwacht,
bin ich immer noch von dem Albtraum geplagt
und mit einer schmerzhaften,
untröstlichen Traurigkeit bedeckt.

JOVAN DUČIĆ

Jovan Dučić war ein serbischer bzw. jugoslawischer Dichter, Schriftsteller und Diplomat. Er wurde am 17. Februar 1871 in Trebinje geboren und starb am 7. April 1943 in Gary, USA. Die Pflichtschule absolvierte er in Trebinje, das Lehreramt in Sarajevo und Sombor.

Nach seinem Studium der Rechtswissenschaften in Genf, lebte er eine Zeit lang in Paris, wo er die damals renommierten serbischen Dichter kennenlernte. Von 1910 bis 1941 arbeitete er als Diplomat; 1941 wanderte er nach Amerika aus, wo er auch starb.

Dučić verfasste Gedichte, Prosawerke, literarische Aufsätze und Studien über Schriftsteller. Er zählt zu Recht zu den bedeutendsten Vertretern der serbischen Moderne. Viele Literaturkritiker und Historiker sind sich einig, dass Dučićs Gedichte sich harmonisch mit Melodien, Farben und Geschmäckern verbinden.

Dučić glaubte, dass ein Schriftsteller nur dann ein großer Dichter werden könne, wenn er die Wahrheit über die drei großen Motive des Lebens und der Kunst erzählt: Gott, Liebe, Tod.

Die zwei Grundmotive seiner Poesie sind Natur und Liebe. In seinen Gedichten beschreibt er die Melancholie, den Gedanken des Abschieds, die Vergänglichkeit; düstere Stimmungen, Sorgen und die Herbstlandschaft. Das Ambiente spiegelt seinen inneren Zustand wider. Die beiden großen Grundgefühle sind Angst und Einsamkeit, gepaart mit verschiedenen Emotionen wie Unruhe, Zweifel, Trauer...

Farben (Gelb, Schwarz, Grau) und Geräusche spielen für Dučić eine wichtige Rolle. Die Natur und die Sinne haben eine spezifische Funktion, z. B. Wasser: Die Seelen der Toten gehen ins Wasser (heidnischer Glaube).

Dučićs Werke findet man in Schulbüchern und Vorlesungen in ganz Ex-Jugoslawien. Der Höhepunkt seines Schaffens lag zwischen den 1920er- und 1930er-Jahren und währte bis zu seinem Tod.

Seine erste Gedichtsammlung wurde 1901 und später 1908, 1911 und 1914 veröffentlicht. Er schrieb Liebes-, Reflexions- und patriotische Gedichte. Dučićs bedeutendsten Gedichte sind: Ein Gedicht für Dich, Refrain, Begegnung, Poesie, Liebe. Er schrieb auch ausführlich Prosa: mehrere literarische Aufsätze und Studien über Schriftsteller, so z. B. Der Schatz des Kaisers Radovan und Geschichtsbriefe aus der Schweiz, Griechenland, Spanien usw. Dučić starb 1943 in Indiana in den Vereinigten Staaten. Seine sterblichen Überreste wurden erst 2000 an seinen Geburtsort, Trebinje überführt, so wie er es sich gewünscht hatte. In Erinnerung an Jovan Dučić und seinen wichtigen Platz in der Literatur wird jedes Jahr der Poesiepreis „Jovan Dučić" im Rahmen der Veranstaltung „Dučić Dinner" in der Stadt Trebinje verliehen.

Die Autorin

Viki Paunovic wurde 1964 in Jugoslawien geboren, studierte an der Belgrader Universität Organisationswissenschaften mit Schwerpunkt Informatik. Dort lebte sie bis zum Ausbruch des jugoslawischen Krieges. 1991 übersiedelte sie nach Österreich, wo sie sich ein neues Leben aufbaute. Sie ist verheiratet und Mutter einer erwachsenen Tochter. Zum Schreiben und Übersetzen kam sie per Zufall. Eines Tages bat eine Freundin sie für ein Schulprojekt um Hilfe. Es sollte ein Gedicht nach eigener Wahl ausgesucht und präsentiert werden. Kurze Zeit nach der Präsentation des Gedichtes „Ein Gedicht für Dich" verstarb ihr Vater und sie begann weitere Gedichte zu übersetzen. Aus einer Trauerbewältigungstherapie entstand die Übersetzung einer Ausgewählten Sammlung der Gedichte des renommierten serbischen Dichters des Symbolismus.

Der Verlag

novum VERLAG FÜR NEUAUTOREN

> *Wer aufhört
> besser zu werden,
> hat aufgehört
> gut zu sein!*

Basierend auf diesem Motto ist es dem novum Verlag ein Anliegen neue Manuskripte aufzuspüren, zu veröffentlichen und deren Autoren langfristig zu fördern. Mittlerweile gilt der 1997 gegründete und mehrfach prämierte Verlag als Spezialist für Neuautoren in Deutschland, Österreich und der Schweiz.

Für jedes neue Manuskript wird innerhalb weniger Wochen eine kostenfreie, unverbindliche Lektorats-Prüfung erstellt.

Weitere Informationen zum Verlag und seinen Büchern finden Sie im Internet unter:

www.novumverlag.com